NOTICE

DES

TRAVAUX BIBLIOGRAPHIQUES

de M. J.-M. QUÉRARD, de Rennes (Ille-et-Vilaine) (1).

(Né le 25 décembre 1797).

Avec les jugements portés par les critiques.

———⊶⊷———

I.

France littéraire (la), ou Dictionnaire bibliographique des savants, historiens et gens de lettres de la France, ainsi que des littérateurs étrangers qui ont écrit en français, plus particulièrement pendant les XVIIIe et XIXe siècles. Ouvrage dans lequel on a inséré, afin d'en former une Bibliographie nationale complète, l'indication ; 1° des réimpressions des ouvrages français de tous les âges; 2° des diverses traductions en notre langue de tous les auteurs étrangers, anciens et modernes ; 3° enfin celle des réimpressions faites en France des ouvrages originaux de ces mêmes auteurs, pendant cette époque. Avec cette épigraphe : « The chief glory of every people arise from its authors ». JOHNSON. Paris, F. Didot frères, 1826-42, 10 gros vol. in-8° à deux colonnes, sur petit texte et nonpareille.

Rappeler les éloges de MM. *Beuchot*, et *Ch. Brunet* (dans son « Manuel du libraire », dernière édition); *G. Brunet*, de Bordeaux (dans la « Quoditienne »), *Champollion-Figeac* (dans le « Bulletin universel » de Férussac), *Daunou*, dans le « Journal des savants », à diverses reprises; *Dubois*, depuis député

---

(1) Qui se trouvent chez l'Éditeur, rue de Seine, n° 62, à Paris.

(dans le « Globe »), *J.-M. Guichard* (dans le « Bulletin du bibliophile » de Techener et dans le « Moniteur de la librairie »); *Edme Héreau* (dans le « Bulletin universel » de Férussac), *Alph. Mahul* (dans la « Revue encyclopédique » et dans le journal le « Temps »; *Charles Nodier*, etc., etc., c'est assez expliquer comment cet ouvrage a été adopté par tous les établissements littéraires, non seulement de la France, mais encore de l'Étranger, et jusqu'en Amérique, où il est l'un des livres le plus fréquemment consultés, et où il est devenu pour toutes les personnes qui s'occupent de l'histoire littéraire de la France, un guide sûr, par suite de la conscience apportée par l'auteur dans les recherches qu'à nécessitées une bonne rédaction.

Ajoutons encore ceci à l'éloge du livre : que M. Ch. Brunet a écrit quelque part : que la « France littéraire » est supérieure à ce que les Allemands possèdent en bibliographie nationale ; M. J.-M. Guichard, l'un de nos jeunes écrivains les plus érudits en histoire littéraire et en bibliographie, et alors attaché à la Bibliothèque royale, a, dans le « Moniteur de la librairie » de février 1844, cherché à établir une supériorité relative en faveur des travaux de M. Quérard sur le livre de M. Brunet, embrassant tous les lieux et tous les temps, et choisissant d'une façon arbitraire parmi les productions de tous les temps et de tous les lieux. Viennent ensuite deux bibliothécaires anglais qui reconnaissent la supériorité de la « France littéraire » sur la meilleure bibliographie que possède leur nation : la preuve de cette dernière assertion est dans la lettre suivante qui a été obligeamment envoyée à M. Quérard.

« Monsieur, vous prenez tant de soins et de peines pour faciliter, par
« vos excellentes publications, le service si difficile et si généralement mal
« apprécié des grandes bibliothèques, que vous apprendrez, je pense, avec
« plaisir, les éloges que j'ai entendu donner hier à la « France littéraire »
« par deux gardes du *Bristish Museum* (section des manuscrits), avec les-
« quels je me suis trouvé à dîner. Nous parlions des difficultés de nos
« fonctions, et je leur disais toute l'utilité que nous tirions de vos ouvra-
« ges et pour les choses anglaises de celui de leur compatriote Watt. Ces
« Messieurs ont acquiescé au bien que je disais du répertoire de Watt ;
« mais ils ont insisté longuement sur la supériorité du vôtre. Cette justice
« qui vous est rendue par des étrangers fort compétents m'a fait grand
« plaisir, et je m'empresse de vous en faire part comme d'une chose vrai-
« ment flatteuse ».

Recevez, Monsieur, l'assurance de ma considération la plus distinguée.

Signé : Ch. MAGNIN.

18 Juin 1846.

On pourrait sans peine ajouter à toutes les sérieuses autorités que nous venons de citer, ne serait-ce qu'en s'appuyant d'une pièce, peu ou point connue : les apostilles, de cinq académiciens bibliothécaires, sur une pétition adressée par M. Quérard, le 15 septembre 1842, à M. le ministre de l'instruction publique d'alors, pour obtenir une place dans une bibliothèque, apostilles que nous reproduisons ici.

M. Quérard a rendu, par ses *excellentes publications*, de si importants services à toutes les personnes qui s'occupent de bibliographie et d'histoire littéraire, que je crois devoir remplir un devoir de conscience et de justice en prenant la liberté de recommander avec instance ce laborieux écrivain à toute la sollicitude de M. le ministre de l'instruction publique.   Signé : Ch. MAGNIN.

J'ai pu apprécier, à l'époque où j'étais conservateur des livres imprimés de la Bibliothèque royale, l'immense utilité du travail de M. Quérard. Cet écrivain, par son infatigable exactitude, *a rendu un grand service à la science et à son pays*. Je m'associe avec une pleine conviction aux sentiments exprimés par mon confrère M. Magnin.   Signé : Ch. LENORMANT.

Si mon témoignage, après ceux qui viennent d'être rendus à M. Quérard, pouvait ajouter quelque chose en sa faveur, je m'estimerais heureux de le consigner ici. *Tous ceux qui s'intéressent à l'Histoire littéraire doivent un tribut d'estime et de reconnaissance* à M. Quérard, et je verrais avec un grand plaisir ses travaux récompensés par M. le ministre de l'instruction publique.   Signé: NAUDET.

Je joins bien volontiers mon témoignage et mes vœux à ceux que viennent d'exprimer mes collègues. Je verrais avec un grand plaisir que M. le ministre pût récompenser le zèle et les efforts si consciencieux de M. Quérard.   Signé : LETRONNE.

Je joins avec le plus vif empressement mon modeste suffrage à celui de mes collègues pour appeler tout l'intérêt de M. le ministre sur la personne et les travaux de M. Quérard, très habile littérateur, qui *a eu le courage d'entreprendre et la constance de terminer un immense ouvrage de bibliographie le plus utile sans contredit, et le plus généralement consulté qui ait été publié dans ces derniers temps.*
                    Signé : L. FEUILLET, bibliothécaire de l'Institut.

Pour copie conforme,

Le maître des requêtes, chef de la 2ᵉ division (du ministère de l'instruction publique),   Désiré NISARD (1).

---

(1) La pétition signée par MM. les conservateurs de bibliothèques et académiciens était accompagnée d'une seconde pétition, dans le même but, apostillée par soixante-six des électeurs de Paris, non pas de ces électeurs comme la révolution de février nous en a fait surgir, mais de soixante-six chefs des principales maisons de librairie de Paris. M. Quérard ne fut pas même honoré d'une réponse ! M. *Villemain* était le ministre, ayant pour chef de la division des sciences et des lettres M. *Désiré Nisard.* Les opinions des cinq bibliothécaires académiciens sont restées les fiches de consolation de notre bibliographe.

Ce déni de justice, qui appartient à M. Villemain, n'a point été approuvé

II.

Bibliographie Voltairienne (précédée d'une Introduction, intitulée : *De l'Influence de Voltaire sur la Société au* XVIIIe *siècle;* par M. Aubert de Vitry). Paris, de l'impr. de F. Didot, 1842, gr. in-8 de XXXV et 184 pages à 2 colonnes.

Extrait, sauf l'Introduction, du tome X de la « France littéraire ».

Habent sua fata libelli. Ce travail, qui méritait un succès d'estime, a été, grâce à l'incurie de MM. Daguin, leur acquéreur, terminer ses jours aux boutiques des étalagistes!

III.

Littérature française contemporaine (la). 1827-1840. Continuation de la France littéraire, contenant : 1° par ordre alphabétique de noms d'auteurs, l'indication chronologique des publications originales des écrivains français, régnicoles et étrangers, et

---

par tout le monde, et bien des personnes, au contraire, ont partagé l'opinion encore récemment émise par un des savants les plus réels et les plus honorables de ce siècle, M. Weiss, bibliothécaire de Besançon, qui, répondant à M. Quérard, lui disait : « Dans votre lettre la seule chose qui me fasse de la « peine, c'est d'apprendre que vous n'êtes pas aussi heureux que vous méritez « de l'être. Mais est-ce qu'il n'y aurait donc pas moyen d'améliorer votre po- « sition, en vous procurant une place dans une bibliothèque? Après tous les « travaux que vous avez faits et *qui ont répandu votre nom dans toute l'Europe*, « il me semble que le ministre de l'instruction publique ne devrait pas atten- « dre que vous lui demandassiez une place, mais qu'il serait de son devoir de « vous l'offrir... » (10 juin 1849). C'était aussi l'opinion du très regrettable savant Daunou, qui, avant 1830, disait à l'auteur de la « France littéraire » : Si j'étais ministre de l'instruction publique, il y a deux hommes à Paris, que je prierais d'accepter des places de bibliothécaires: M. Beuchot et vous. Malheureusement pour notre bibliographe, le gouvernement de Juillet préféra ensevelir M. Daunou à la chambre des pairs plutôt que d'en faire un excellent ministre au département de l'instruction publique.

Une autre déception attendait celui qui a élevé un monument en l'honneur des lettres françaises. En 1847, on distribua la croix de la Légion-d'Honneur à bien des gens de lettres, qui l'avaient bien moins méritée que l'auteur de la « France littéraire, » à des employés de bibliothèque, jusqu'à M. Ferd. Wolf, de la bibliothèque impériale de Vienne, pour sa publication d'une « Floresta castilanna ! » Cela stimula l'envie du bibliographe. Nouvelle pétition de sa part. On répondit cette fois, mais quelle réponse? celle-ci:

« Monsieur, j'ai reçu la lettre que vous m'avez fait l'honneur de m'écrire, « pour m'exposer vos titres à la décoration de la croix de la Légion-d'Honneur.

« J'ai fait prendre note de votre demande, que j'examinerai, lors du procelle des éditions et *traductions françaises des auteurs étrangers vi-vants, imprimés en France, pour la première fois, pendant ces qua-torze dernières années ;* 2° une Table des livres anonymes et polyo-nymes, qui, par leur publication, appartiennent à cette époque; 3° une Table des sujets. Le tout accompagné de Notices biographi-ques et littéraires. Tome 1er et tome 11, pages 1 à 282. (A-Bo-NAPARTE). 1839-44, 2 vol. in-8° de xiv et 631 et 282 pages.

Tel est le titre exact que portent le traité entre l'auteur et le libraire-éditeur, et le prospectus de cette continuation de la « France littéraire ». Le traité donnait lieu à des interprétations préjudiciables à l'auteur, le libraire en profita, et dans une réunion arbitrale, l'auteur absent, il obtint sa dépossession, la remise d'une grande quantité de matériaux, heureu-sement informes, son emprisonnement, et encore des dédommagements ! Ainsi. ont été escamotés le présent et l'avenir de l'actif travailleur. Depuis lors, cet ouvrage paraît sous les noms de MM. Louandre et Bour-quelot.

Les recueils et les journaux qui ont rendu compte de la partie rédigée par M. Quérard sont : la « Revue des Deux-Mondes », 15 février 1841, pag. 578, article de M. Amédée Cochut ; — le « Bulletin du Bibliophile » de Teche-ner, ive série, n° 12 (1841), p. 519-23, article de M. J.-M. Guichard ; — le «National» du 23 juin 1842, feuilleton de M. Forgues ; — le « Moniteur de la

---

« chain travail des promotions, *avec tout l'intérêt qui s'attache aux honorables* « *recommandations dont elle est appuyée* ».

Cette réponse est datée du 24 juin 1847, et signée *Salvandy !* Ainsi l'on ne pou-vait accorder la décoration à l'auteur d'un travail de vingt années, qui sert de guide dans tous nos établissements littéraires, mais on l'eût ac-cordée aux sollicitations des *deux* honorables recommandations dont la de-mande était appuyée, si l'indignation de M. Quérard n'avait pas mis fin à cette poursuite.

Il faut le dire à la honte de tous les ministres de l'instruction publique qui se sont succédé, sauf M. Guizot, en 1830, aucun, jusqu'en 1849, n'a encou-ragé d'aucune sorte les travaux de M. Quérard, qui les eût abandonnés depuis longtemps, si un opulent et généreux bibliophile moscovite, M. Serge Poltoratzky, grand ami de notre littérature, ne s'était présenté à notre bibliographe en 1839, pour se substituer à la place du gouvernement français, et faire ce qu'il n'a pas su faire : patroner des travaux nationaux pour la France !

Ceci doit vous prémunir, jeunes gens et hommes faits, contre vos entraîne-ments vers la bibliographie : à moins que vous ne soyez plus intrigants que bibliographes, vous userez votre santé, vous ruinerez votre avenir par le désir d'être utiles à votre pays, et vous serez frappés d'ostracisme. On ne peut rien pour quiconque a une *position précaire* (HISTORIQUE), fût-elle le résultat d'un fanatique dévouement à la patrie. Qu'a-t-on à redouter d'un bibliographe, et bien mieux encore s'il est honnête homme ! Ah ! si c'était un folliculaire, et que l'on voulût acheter sa plume !

librairie», du 15 septembre 1842, article de M. Colomb de Batines; — la «Quotidienne », des 18 septembre et 8 octobre 1842, articles de M. Gustave Brunet; — « Revue de Bibliographie analytique », novembre 1842, pag. 994, article de M. Miller ; — « Revue de l'Instruction publique », 15 décembre 1842, article de M. Jourdan, alors professeur au collége Stanislas; — Literarische Zeitung (de Berlin), 17 janvier 1844; — « Moniteur de la librairie », des 10 et 20 février 1844, second article de M. J.-M. Guichard. Il a été tiré de celui-ci 100 exemplaires à part, in-8 de 7 pag. compactes. Chose plus plaisante que loyale, le libraire propriétaire actuel de la « Littérature française contemporaine » a, dans un récent prospectus, approprié à la nouvelle rédaction de ce livre tout ce que M. Guichard, dans son dernier compte-rendu, avait dit de flatteur pour celle de M. Quérard !

Pour un examen critique de la continuation de ce livre qui paraît sous les noms de MM. Louandre et Bourquelot, voyez le nᵒ VIII, *Omissions et bévues, etc.*

IV.

Dictionnaire des ouvrages polyonymes et anonymes de la Littérature française. 1700-1850. Publié sous les auspices d'un bibliophile étranger (*M. Serge Poltoratzky*, de Moscou). Avec la collaboration ou les notes de toutes les personnes mentionnées pages 19 à 21 du Discours préliminaire de la « France littéraire », et les collaborateurs nouveaux suivants : MM. feu J.-F.-M. Albert, feu Amanton, anc. conseiller de préfecture de la Côte-d'Or; Angliviel, sous-bibl. du ministère de la Marine ; Gust. Brunet, de Bordeaux ; Ch. Brunet, chef de bureau au min. de l'Intér.; le vic. P. Colomb de Batines ; l'abbé Congnet, chan. de Soissons ; l'abbé Contagnet, grand-vicaire de Viviers ; Edm. De Manne, employé de la bibliothèque du Roi ; Doublet de Boisthibault, biblioth. à Chartres ; L.-A. Dubois et Dumoulin, libraires à Paris ; feu Gust. Fallot, anc. conserv.-adj. de la bibliothèque de l'Institut ; Garnier, libraire à Chartres ; Goizet, l'un des rédacteurs du Catalogue de feu M. de Soleinne ; E. Grille, anc. biblioth. à Angers ; Hulleu, bibliophile ; Izern, Paul Lacroix, Justin Lamoureux, l'un des principaux auteurs du Suppl. à la Biogr. univ. ; feu Lerouge, G. Mancel, bibl. de la ville de Caen ; feu A. Martin, conservateur à la bibl. de Ste-Geneviève ; Mathon, bibl. à Neufchâtel; Richard (des Vosges), bibl. à Remiremont ; de Saint-Georges, ancien correspondant de A.-A. Barbier; feu Tessier, mort préfet de l'Aude ; L. Vol de Conentray, imp. à Compiègne; Ch. Weiss, bibl. à Besançon, *pour la France;* de MM. Ch. Ché-

NEDOLLÉ, professeur à Liège ; Fél. DELHASSE, littérateur ; DE MAT, libr. ; feu MASSAU , bibliogr. à Verviers, et le baron F. de REIFEN-BERG, *pour la Belgique ; de* M. de FROBERVILLE, *pour les écrivains franç. de l'Ile Maurice* ; de M. Serge POLTORATZKY, *pour les écrivains français de la Russie ;* de M. Jean HUMBERT, professeur, pour ceux de *la Suisse*, et d'un grand nombre d'autres amis de la Bibliographie, tant français qu'étrangers. Livraisons 1 à 3. (A-ALMANACH). 3 livraisons, ensemble de 15 feuilles, imprimées sur petit texte et nonpareille. Prix de chaque livraison, 2 fr.— Sur grand papier collé, 4 fr.

Cette monographie, qui forme le complément de la « France littéraire », publiée par MM. F. Didot frères, constitue en même temps, avec les « Supercheries littéraires dévoilées » du même auteur, un nouveau « Dictionnaire des ouvrages anonymes et pseudonymes », mais sur une plus large échelle que celui d'A.-A. Barbier, car on y trouve jusqu'à l'indication des livres dont les auteurs sont restés inconnus ; des recherches plus complètes que ne sont celles de Deschiens sur les journaux scientifiques, politiques et littéraires, depuis 1700, et un travail particulier sur les collections académiques, anciennes et nouvelles.

Trois livraisons ont paru. La publication de la quatrième a été retardée par suite de la position critique dans laquelle les événements politiques de février 1848 ont mis la librairie ; mais la préparation du manuscrit n'a pas été discontinuée ; aussi cette livraison va-t-elle être livrée sous peu à l'impression, pour être dorénavant publiée rapidement. Cette suspension momentanée a tourné tout à l'avantage de l'ouvrage, par suite de modifications que l'auteur lui a fait subir, d'après les observations de critiques compétents. Ces modifications valent bien la peine que nous en disions quelques mots. Le « Dictionnaire des polyonymes et anonymes », était particulièrement destiné à servir de complément à la « France littéraire » ; mais, comme elle, il ne remontait pas au delà de 1700. La suspension momentanée a permis à l'auteur de faire remonter son travail à l'origine de l'imprimerie, d'après le vœu des critiques, et de le continuer jusqu'en 1850. Des opuscules éphémères céderont leur place à des mentions plus utiles. Des additions pour les quinze premières feuilles placées à la fin du tome Ier donneront une unité parfaite au reste de l'ouvrage.

Les trois premières livraisons qui ont paru vont jusqu'au n° 2673, correspondant au n° 456 du « Dictionnaire des ouvrages anonymes » de Barbier ; elles renferment entre autres articles la nomenclature d'une trentaine de journaux inconnus à Deschiens , et des « Notices historiques et biographiques » sur les académies de Besançon, Dijon, Caen, Bordeaux, revues et complétées par MM. Ch. Weiss, Rossignol, G. Mancel , Gustave Brunet.

Cet ouvrage renfermera, tant en anonymes dévoilés et *non dévoilés* qu'en polyonymes, plus de 100,000 articles !

En retirant la première livraison, MM. les souscripteurs ont à payer la dernière à l'avance.

Cet ouvrage est l'un de ceux destinés à former le complément de la « France littéraire », grand ouvrage que, grâce à sa persévérance, le même auteur est parvenu à terminer malgré le peu d'encouragement qu'il a reçu de la part de ceux auxquels il offrait ainsi un moyen précieux de faciliter leurs recherches, et de s'épargner à la fois beaucoup de peine et une grande perte de temps. La bibliographie est malheureusement trop négligée en France. On semble la dédaigner comme ne pouvant servir qu'aux faiseurs de catalogues, et ceux-ci, le plus souvent, ne s'en soucient guère. Aujourd'hui la plupart des libraires eux-mêmes sont à cet égard d'une ignorance complète, et la science des livres paraît être la dernière des conditions nécessaires pour l'exercice de leur métier. Cet état de chose est déplorable ; on ne saurait nier qu'il n'ait eu quelque influence sur le dépérissement des lettres. Dès que le libraire consent à n'être plus qu'un spéculateur intelligent qui renonce à juger sa marchandise autrement que sur son titre et sur le nom de l'auteur, l'homme de lettres, de son côté, se fait bientôt fabricant de livres à tant la page, et se laisse aisément séduire par les succès lucratifs d'un charlatanisme sans pudeur. Aussi l'on peut bien dire que l'un des moyens de relever la littérature serait d'arracher la librairie à l'industrialisme qui s'en est emparé, de la ramener dans une voie plus intellectuelle, de lui rendre autant que possible le lustre qu'elle jetait jadis. Il faut donc applaudir aux efforts des hommes qui, comme M. Quérard, cherchent à propager la connaissance des livres, en remettant en honneur la science bibliographique, car c'est par là qu'on forcera les libraires à s'instruire et à quitter leurs allures de marchands pour reprendre celles qui conviennent à la nature mixte d'une profession si intimement liée aux travaux de l'esprit. M. Quérard possède des qualités assez propres à favoriser un semblable réveil. Il est ardent, infatigable, prompt à concevoir des entreprises devant l'accomplissement desquelles il ne recule point. A peine vient-il d'achever l'immense tâche qu'il s'était imposée (par la publication de sa « France littéraire »), que le voici de nouveau se mettant à l'œuvre pour deux travaux non moins longs, sans doute, mais encore plus difficiles, ses « Supercheries littéraires dévoilées », et son « Dictionnaire des ouvrages anonymes et polyonymes de la littérature française », 1700-1845. L'auteur se montre beaucoup plus réservé dans son « Dictionnaire des ouvrages polyonymes et anonymes » que dans les « Supercheries littéraires dévoilées ». Il s'y contente, en général, de faire connaître le contenu des ouvrages sans y ajouter une seule réflexion. Il nous paraît seulement avoir la prétention d'être trop complet ; en continuant, comme il l'a fait dans sa première livraison à inscrire tous les moindres opuscules sortis des presses françaises (et étrangères!) il dépassera de beaucoup les limites qu'il fixe à sa publication ; au lieu d'un volume, il en fera trois ou quatre au moins. Nous croyons que la bibliographie peut, sans inconvénient, négliger des brochures éphémères qui, hors des circonstances qui les ont fait naître, n'offrent plus aucune espèce d'intérêt.

J. Cherbuliez, « Revue critique », août 1846.

M. Quérard est le plus intrépide dénicheur que l'on connaisse de fraudes et de ruses littéraires. On ne comprend pas que la vie d'un homme ait suffi à compiler tant de titres, à percer tant de mystères, à déjouer tant de précautions et d'artifices, et pourtant, M. Quérard est jeune encore.

Ce qui a paru de cette partie contient sur certaines académies (1), pour ne parler que de ces articles, un travail vraiment effrayant par le nombre d'indications qu'ils renferment. M. Quérard a des correspondants qui n'épargnent pas la besogne. Les articles *Académies de Besançon, de Bordeaux, de Caen, de Dijon*, nous ont paru tels, qu'on y ajouterait mal aisément quelque chose.

B. de REIFFENBERG, « Bulletin du Bibliophile belge », tome III.

V.

Auteurs déguisés de la littérature française au XIXᵉ siècle. Essai bibliographique pour servir de supplément aux recherches d'A.-A. Barbier sur les ouvrages pseudonymes. Paris, au bureau du « Bibliothécaire », 1845, gr. in-8º de 84 pages.

Ballon d'essai de l'ouvrage suivant, et qui est aujourd'hui sans valeur.

Il existe deux articles spirituels sur cette brochure : l'un de M. Old Nick [Forgues], dans le « National », en 1844, et qui a été reproduit presque entièrement, en note, dans l'introduction des « Supercheries littéraires dévoilées »; l'autre de M. le marquis de Foudras, dans la « Quotidienne » du 5 août 1846.

VI.

Supercheries littéraires dévoilées. Galerie des auteurs apocryphes, supposés, déguisés, plagiaires et des éditeurs infidèles de la littérature française pendant les quatre derniers siècles. Ensemble les industriels et les lettrés qui se sont anoblis à notre époque. (Avec une introduction intitulée : *Des Supercheries littéraires anciennes et modernes plus particulièrement en France.*) Tomes I et II. (A-LOT). 2 gros vol. in-8º, 40 fr. 50 c.

L'ouvrage paraît par livraison de 80 pages. Prix de chaque livraison, 2 fr. 25 c.

---

(1) Obligé de suivre strictement l'ordre alphabétique des titres des ouvrages, ainsi que le veut un travail de cette nature, l'auteur n'a pu parler que de quatre académies dans les livraisons publiées jusqu'à présent, parce que leurs titres le voulait ainsi. Mais la mention du plus grand nombre des académies est répartie, sous les titres de *notices, procès-verbaux, séances* et surtout *mémoires*. Aucune académie étrangère, dont les travaux se publient en français, n'est oubliée, et elle a trouvé sa place dans ce livre, avec le même développement que pour les académies et sociétés savantes de France.

A diverses époques, d'érudits bibliographes ont essayé d'aplanir les difficultés que les écrivains apocryphes, aussi bien que les auteurs pseudonymes, ont jetées dans l'histoire littéraire, en livrant au public les véritables noms des auteurs déguisés que leurs études, le temps et le hasard
leur avait fait découvrir. Depuis Vinc. Placcius, en 1674, jusqu'à A.-A. Barbier, et plus récemment encore MM. F. Rassmann, De Manne et A.-G.
Schmidt, il a été publié, tant en Allemagne qu'en France, plusieurs monographies bibliographiques, particulières aux auteurs déguisés de chacune des deux nations.

Il est à regretter que le plan adopté par Placcius ne soit pas d'une stricte
logique. Tous les bibliographes, ses continuateurs et ses imitateurs, sauf
MM. Rassmann et Schmidt, n'ont que trop suivi ce plan ; les uns et les
autres ont réuni deux genres qui, par leur nature, n'offraient point de
liaison possible : les *anonymes* et les *pseudonymes.* Si la logique veut que
dans les recherches l'on procède du connu à l'inconnu, comment ont-ils
admis dans une même nomenclature et le livre dont l'auteur n'est point
connu et celui qui porte un nom ; car, fût-il faux, c'est à ce nom qu'on
cherchera le dernier. Que Placcius ait fait la faute de réunir les deux genres, il est excusable, parce qu'à son temps on ne connaissait encore qu'un
petit nombre d'ouvrages anonymes et pseudonymes ; mais depuis lui, les
études ont fait parvenir à la connaissance d'une si grande quantité d'auteurs déguisés, et à la découverte de tant d'ouvrages anonymes, qu'il y avait
possibilité, dès la fin du siècle dernier, de former de ces deux genres deux
monographies distinctes, auxquelles une étendue raisonnable n'eût certes
pas manqué, à en juger par l'ouvrage de Barbier pour les anonymes, et
par ceux de MM. Rassmann et Schmidt pour les pseudonymes.

L'ouvrage que nous publions aujourd'hui n'est qu'une *monographie
des* seuls *auteurs déguisés*, prise dans l'acception générale, et qui n'embrasse encore que ceux appartenant à la littérature française, soit en
France, soit à l'Étranger. Seulement, pour compléter ce travail, l'auteur y
a joint les noms de quelques littérateurs d'en dehors de la France, dont,
par des traductions, on a fait passer les ouvrages dans notre langue, en
conservant les noms d'emprunt sous lesquels ils les avaient publiés dans
leur patrie.

L'auteur de cet ouvrage a préludé l'année dernière (1845) à cette publication
par un Essai, qui n'était que la réunion de quelques articles d'un journal
de bibliographie qu'il rédigeait alors. Cet Essai ne pût être que superficiel,
d'abord, parce qu'il appartenait par sa nature à tous les travaux faits pour
des feuilles éphémères et destinés à mourir avec elles ; ensuite, une fâ-
cheuse position dans laquelle l'auteur se trouvait ne lui permettait pas de
donner à sa monographie tout le développement désirable. Si l'Essai en
question a eu du succès près de quelques amis de l'histoire littéraire, il
ne le doit qu'à ce que depuis longtemps il n'avait rien été publié sur
cette spécialité, l'une des plus piquantes de la bibliographie.

Le livre d'aujourd'hui n'est plus un opuscule : c'est un livre lentement
et soigneusement colligé, refait et considérablement augmenté. Il n'a de
similitude avec l'Essai en question que par le sujet qu'il embrasse.

Afin d'offrir la monographie complète des auteurs déguisés des quatre derniers siècles, l'auteur a repris dans l'ouvrage de A.-A. Barbier tous les pseudonymes qu'il y avait compris, en réparant bon nombre d'omissions que ce maître a faites dans son travail. L'Essai présentait une sèche nomenclature d'environ 700 noms. Le nouvel ouvrage renferme de 5 à 6,000 articles, qui, sous chaque pseudonyme, présentent la liste des ouvrages qui existent sous ce nom, et sont accompagnés, pour la plus grande partie, de notes littéraires et bibliographiques. La contre-partie présentera sous les noms véritables les différents pseudonymes dont les écrivains cités se sont servis, et des courtes indications biographiques sur chacun de ces auteurs. *Extrait du prospectus de l'ouvrage.*

Voilà à coup sûr un livre qui promet d'être curieux, si jamais il s'achève. — Je dis s'il s'achève, car la matière est longue et le travail inépuisable. Les *éditeurs infidèles* et les *plagiaires* ont été nombreux de tout temps; les écrivains apocryphes ou pseudonymes ne sont pas moins fréquents, surtout de nos jours, et il n'y a peut-être pas un seul de nos beaux esprits qui ne réponde à quatre ou cinq signatures. — Reconnaissez-vous donc dans ce chaos, sans les bibliographes? — Supprimez pour un instant la lumière qu'y ont jetée les Barbier, les Brunet, et que M. Quérard continue à y apporter, et dites-moi alors ce que devient la connaissance des livres. — Une sorte de tohu-bohu, — une véritable île des lanternes, comme chez Rabelais, mais dans laquelle on ne distingue absolument rien. Par exemple, eussiez-vous retrouvé, sous le nom gracieux de Gérard de Nerval, — ce spirituel écrivain à l'œil doux et mélancolique, — le prosaïque M. Beugland? — Auriez-vous supposé que Mme Bastide et M. Camille Bodin ne faisaient qu'un seul et même personnage, malgré la différence des sexes, et que ce personnage androgyne se nommait Mlle Dufourquet? — Auriez-vous retrouvé l'auteur d'une touchante histoire racontée avec beaucoup de cœur et d'âme (Mme la comtesse d'Hautefeuille), sous le double pseudonyme d'Anna Marie? — Mme Maria d'Anspach vous eût-elle révélé Mlle Julie Bordier? — Auriez-vous su qu'*Archiloque*, l'auteur de la virulente satire intitulée : *A toi Barthélemy*, n'était autre que M. Almire Gandonnière, dont notre recueil termine aujourd'hui une charmante nouvelle, la *Porporina?* Enfin, comment eussiez-vous découvert Mlle Louise Ozenne, sous le nom masculin de Camille Baxton? M. Amédée Rousseau (ce dernier nom avait été cependant assez bien porté jadis), sous cette signature faussement aristocratique : Amédée de Beauplan? Mme de Saint-Mars, sous les armoiries de Mme la comtesse d'Ash? Mlle Julie Gouraud, sous le nom de Mlle d'Aulnay? etc. — J'en passe, et des meilleurs.

En fait de déguisements d'un autre genre, nous voyons Voltaire prendre successivement ceux-ci : un Académicien de Londres, — *id.* de Berlin, — de Lyon, — le sieur Jacques Aymon, — Akakia, — Akib, — Alethès, — Alexis, archevêque de Novogorod; — Amabel, — un Amateur de belles-lettres, etc. — Le docteur Roth signe : *Ahasverus;* — Rabelais, maître *Alcofribas Nasier*, abstracteur de quintessence; — le Picard se déguise sous l'anagramme de *Alcripe*, et comme si ce n'était pas déjà assez, il ajoute . *sieur de Néri en Verbos.* — Le commentateur de *Trois Messéniennes imaginaires*, par M. Potier, se cache sous le nom impossible de *Aldiborontophoscophornio*; Gilles de Witte, sous celui de *Alethophilus*; d'Alembert, sous celui de l'abbé *Canaye*; Anacharsis Clootz, sous celui de *Alicier-ber*; le prince Dolgorouky (aujourd'hui exilé, malgré sa prudence), sous le pseudonyme du comte d'*Almagro*; le spirituel conservateur de la bibliothèque de Dijon, M. Gabriel Peignot, sous l'anagramme incomplète de *Bérigal*,et sous tant d'autres pseudonymes.

Telles sont les particularités curieuses qu'on trouve dans le livre de M. Quérard.

A celles-là nous pourrions en ajouter beaucoup d'autres. Par exemple, on a toujours admis que la fameuse tragédie du *Tremblement de terre de Lisbonne*, qui aurait attiré à son auteur le célèbre : *Faites des perruques*, de Voltaire, était du perruquier André. M. Quérard ne craint pas de se faire autant d'ennemis que la France compte de coiffeurs, en affirmant qu'elle est de l'avocat Marchand, affirmation bien désintéressée sans doute, car elle ne lui fera pas, je suppose, beaucoup d'amis au barreau. Le *Tableau parlant* a longtemps passé pour être d'Anséaume. Notre inexorable bibliographe lui donne une plus haute origine, et l'attribue au duc de Nivernais. Mlle Avrillon, Mlle Boury, M. de Bourienne, etc. cacheraient sous le titre de leurs mémoires M. Maxime de Villemarest; Washington Irving aurait inventé pour le besoin de sa conquête de Grenade, le frère Antonio Agapida, auteur de prétendues chroniques, sorties tout simplement du cerveau du conteur américain; enfin, une seule et même plume, celle du trop fertile M. de Lamotte-Langon, aurait tracé successivement les mémoires de Mme la comtesse d'Adhémar, — d'un ancien chambellan, — de Sophie Arnoult; — le bibliophile Jacob (Paul Lacroix), ceux de Mme Du Barry, du cardinal Dubois; des traductions d'Odes d'Horace, sous le nom de Louis XVIII, et un Dictionnaire des ménages, sous le nom d'Antony Dubourg, etc.

Que de peccadilles leurs auteurs, qui les croient aujourd'hui oubliées, voient-ils apparaître comme un fantôme dans ce recueil bibliographique. C'est là que M. Pasquier voit se dresser avec terreur, le fameux vaudeville de *Grimou, ou le Portrait à finir*, qui empoisonne depuis quelques années son existence; et que M. Bernard, de Rennes, grave magistrat, se révèle à nous comme écrivain par un roman intitulé *Décence et volupté*, et par un autre ouvrage non moins curieux sans doute : *Tancrède, ou la Conquête de l'épée de Roland.* Il y a là tout un arsenal où les petits journaux de notre temps peuvent trouver des armes piquantes et inépuisables.

Ce que nous venons de dire, ou plutôt d'extraire du livre de M. Quérard, suffit pour démontrer son utilité et son but. Nous ne formons pour lui qu'un vœu : c'est qu'il s'achève.

Ach. JUBINAL, le Voleur, du 10 août 1846.

Dans le numéro du 10 août 1846 de ce journal, on trouve, page 127, l'annonce suivante : « Les *Supercheries littéraires dévoilées*, etc. Voilà, disions-nous, à coup sûr, un livre qui promet d'être curieux si jamais il s'achève. Eh bien! malgré les difficultés sans nombre de ce laborieux travail, M. Quérard a déjà fait paraître un premier volume complet et mi-partie du second dont la fin est sous presse. Tout annonce que le succès qu'obtient le commencement de cet important ouvrage en amènera plus facilement la solution, car les renseignements, ordinairement si difficiles à obtenir, arrivent à présent tout naturellement à l'auteur, qui a dû montrer l'intérêt qu'offrent les *Supercheries dévoilées*. En effet, M. Quérard ne se borne pas dans son livre à donner de simples documents authentiques, tant sur les noms de l'auteur, de l'éditeur, sur le titre, la date et les éditions d'un ouvrage, que sur les imitations et les vols que divers auteurs ont faits à son style, à son titre, à ses idées et à ses données historiques ou romantiques; mais encore, quand l'occasion s'en présente, il entre dans des détails inconnus, des faits curieux et intéressants, qui coupent très habilement ce qu'un travail très consciencieux pourrait avoir d'aride.   LE MÊME, même journal, 30 août 1848.

On ne peut songer sans effroi aux recherches qu'exigera le nouveau livre de M. Quérard, sur les auteurs apocryphes ou déguisés. Il faut un courage bien résolu pour se jeter au milieu d'un pareil dédale. Il est vrai que le plaisir de dévoiler les supercheries littéraires a quelque chose de fort attrayant, et que l'espoir de faire des découvertes nouvelles est une puissante amorce. D'ailleurs, M. Quérard se pique de n'être pas un biblio-graphe sèchement érudit, qui se borne à enregistrer des titres de livres les uns à la suite des autres, sans aucune réflexion sur leur contenu ou sur leur destinée. Il aime, au contraire, parfois même un peu trop, à donner son opinion, à formuler un jugement, ou bien à lancer en passant quelque trait malin qui est toujours passablement acéré. Son esprit est caustique et ne manque pas l'occasion de stigmatiser en quelques mots bien incisifs les faiblesses et les ridicules des auteurs, ainsi que les roue-ries littéraires de toute sorte qu'il rencontre sur son chemin. Cette dis-position n'est peut-être pas précisément celle qui convient le mieux au bibliographe; elle lui fait faire de fréquentes excursions dans le domaine de la critique, et nuit parfois à l'exactitude impassible qu'on attend de lui. Mais elle jette du piquant sur son travail et réveille la curiosité de bien des lecteurs pour lesquels il n'aurait, sans cela, aucun attrait. Et puis la branche de la bibliographie dont s'occupe maintenant M. Qué-rard, comporte mieux de telles allures. Quand il s'agit de signaler des fraudes littéraires, il est assez naturel d'exprimer une opinion sur leur valeur morale, et de ne pouvoir résister au désir de faire de temps en temps justice du charlatanisme qui abuse avant tant d'audace de la bonne foi publique. Le livre de M. Quérard, à en juger d'après les deux livraisons que nous avons sous les yeux, sera plein de révélations cu-rieuses, et quoiqu'il soit quelquefois sans doute plus mordant qu'il ne le faudrait, nous croyons qu'il pourra rendre ainsi de véritables services à la littérature.
                    J. CHERBULIEZ, « Revue critique », août 1846.

Voilà un titre qui promet des révélations les plus piquantes et qui, à lui seul, semble contenir toute la chronique scandaleuse de la Littérature française. Quel appas pour la malignité! Quel attrait pour la curiosité légitime! C'est que M. Quérard est, en effet, un des hommes qui connaissent le mieux la Bibliographie moderne de leur pays, et les faits les plus secrets qui s'y rattachent. Avec cela il est doué d'une patience infatigable et d'une persévérance à toute épreuve. Malheureusement, ses travaux n'ont pas toujours obtenu le prix qu'ils méritent; ainsi il avait créé un journal intitulé *le Bibliologue*, (1835) qui n'a eu qu'une courte durée; la *Revue bibliographique* (1839), suspendue à la 11ᵉ livraison; enfin le *Bibliothécaire* (1844), dont il n'y a eu d'imprimé que deux livraisons chacune de cinq feuilles (la deuxième n'a pas été mise en circulation). A peine avait-il achevé la *France littéraire*, qu'il s'apprêta à donner une continuation à cet utile répertoire; il commença la *Littérature française contemporaine*, et un éditeur le dépouilla de son œuvre. Sa nouvelle publication le dédommagera, nous l'espérons, de toutes ses contrariétés: déjà une brochure sur un sujet analogue, les *Auteurs déguisés de la Littérature française*, a été rapidement enlevée. La malignité s'unissait à la curiosité pour en faire la fortune. Il en sera de même, et à plus forte raison, du livre nouveau, qui est plein de détails singuliers, d'indiscrétions réjouissantes, mais permises, et dans lequel M. Quérard fait en quelque sorte la haute police de la république des lettres.

On ne saurait trop recommander ce livre qui dévoile les mystères de tant d'autres livres où la bibliographie est devenue amusante à force de révélations, où la vérité a tout le piquant de la malice, où la malice n'altère pas l'exactitude. Il n'est pas d'ouvrage qui contienne une si étonnante multitude de faits littéraires, dont la découverte a dû coûter souvent des peines infinies.

Mais quelle nécessité de démasquer tant de gens? « Une très grande, répond l'auteur: celle d'aplanir, autant que possible, la difficulté d'écrire l'histoire littéraire de notre époque; de faire disparaître de ses archives la confusion qu'on y a jetée. Lorsque les industriels biographes surchargent chaque jour nos dictionnaires historiques de pygmées littéraires, dont la postérité aura à rejeter les titres, laisserions-nous encore à celle-ci la rude tâche de s'enquérir de personnages imaginaires? »

Le discours préliminaire explique très bien tout l'intérêt de la matière. Il est précédé d'une dédicace à M. *Wolthaelter;* or, ce mot allemand, qui signifie *bienfaiteur*, cache, si nous ne nous trompons, un opulent et généreux bibliophile moscovite, M. Poltoratzky; le livre destiné à mettre au jour les *Supercheries* de la Littérature, commence donc lui-même par une supercherie; mais s'il y a fraude, elle est honorable et a été dictée par la délicatesse et par la discrétion du cœur. Le discours préliminaire, intitulé: Les *Supercheries littéraires, anciennes et modernes, plus particulièrement en France*, traite en détail: I. Des auteurs apocryphes et des auteurs supposés. II. Des pseudonymes ou auteurs déguisés. III. Des plagiaires. IV. Des vols littéraires. V. Des imposteurs en littérature. VI. Des éditeurs infidèles; le tout semé d'une quantité prodigieuse de faits singuliers, d'anecdotes plus piquantes et plus curieuses les unes que les autres.

Disons d'abord quelques mots sur les divers chapitres du discours préliminaire de l'ouvrage.

M. Quérard n'a pas voulu épuiser ces différents chapitres, aussi ne lui
ferons-nous pas un reproche d'avoir omis que Rabelais, tout savant qu'il
était, fut dupe de Pomponius Laetus et de Jovien Pontanus, et publia en
1532, comme des monuments de la vénérable antiquité, le *Testament de
Lucius Cuspidius*, formé par le premier, et le *Contractus Venditionis* supposé par le second. Rien ne l'obligeait non plus à raconter les récentes
discussions des savants à propos du faux Sanchoniaton ; mais nous regret-
tons qu'à propos des *fabricateurs de pastiches*, il n'ait pas cité un écrit
très ingénieux de M. le marquis Du Roure, intitulé : *Réflexions sur le style
original* (Paris, Didot, décembre 1848), in-8° de 69 pages, sans les prélimi-
naires. Il est vrai qu'il n'a été tiré qu'à 60 exemplaires, et distribué par
l'auteur à ses collègues de la Société des bibliophiles français. M. Du Roure
établit que l'originalité dans le style tient habituellement à certains dé-
fauts, à un tic, à une grimace de l'écrivain, qui peuvent être imités avec
succès dès qu'on les a reconnus; puis mettant sa théorie en pratique, il
donne des pastiches d'après Rabelais, La Bruyère, Mme de Sévigné, Pascal,
Voltaire, J.-J. Rousseau et Diderot. Malgré la variété de ton et de caractère de ces personnages, c'est vraiment à s'y tromper : chacun des auteurs
imités semble avoir rencontré son Sosie.

M. Quérard fait la guerre aux voleurs littéraires, et il a raison. Toutefois il faut s'entendre sur le mot *plagiat*, et ne point confondre le larcin
de la pensée et du style avec l'usage de ce fonds commun, de ces bana-
lités inévitables auxquelles l'intelligence la plus originale est condamnée,
comme le corps l'est aux lois du mouvement, qu'il ait les proportions de
l'Apollon du Belvédere ou celles de Thersite. Un imbécile prétendait un
jour que Voltaire le copiait parce qu'il terminait ses lettres ainsi que lui,
par *Votre très humble et très obéissant serviteur*. Il ne manque pas, en effet,
de petits esprits, qui n'ont ni idée ni talent, et qui s'imaginent qu'on
s'estime assez peu pour leur faire des emprunts. Ces pauvres gens oublient
qu'on n'emprunte qu'aux riches.

On lira surtout avec avidité la partie du discours préliminaire de M. Quérard, qui a pour but de stigmatiser la vanité grotesque d'une foule d'in-
dividus qui, *vilains et très vilains*, comme dit Béranger, veulent donner
leurs noms une tournure aristocratique. On ne revient pas de tant de pré-
tentions puériles, même chez des hommes que leur mérite réel devrait
mettre au dessus de ces misères.

Quand on lit les amusantes révélations de M. Quérard, on est disposé à
croire que, chez nos voisins, l'*état civil* est entièrement bouleversé. En effet,
comment concevoir que dans un pays où il y a quelque police, tant de
gens usurpent des titres nobiliaires; les Aubertot deviennent des *Coulanges;*
l'ex-apothicaire Viton, se change en *de Saint-Allais*; M. Garcin, docte
professeur d'indoustani, en *Garcin de Tassy;* Balisson (d'aucuns vont même
jusqu'à dire Paillasson) en *de Rougemont;* Cartier en *de Villemessant:* Ma-
thieu en *de Dombasle;* Pasquin en *de Valery;* Cousen en *comte de Courchamps;* Mlle Désormeaux en Mme *de Sor*, etc., etc., etc. Et puis que de mar-

quis, de comtes, de vicomtes, de barons, de chevaliers crées *proprio motu*
et d'une façon toute spontanée, ainsi que s'exprime le « Journal des Dé-
bats » par un euphémisme circonspect et flatteur? Il paraît que la diplo-
matie enchérit sur ce travers et sur ces usurpations impudentes. Entre
autres transformations, un ministre étranger nous citait M. Torchon qui
se serait fait *de Lagrenée*. Ce paragraphe se termine par une pro-
phétie empruntée au journal « le Siècle, » car le vent est depuis quelque
temps aux prophéties :

« L'ancienne monarchie s'appuyait sur les Montmorency, les Noailles, les
« Crillon, mais ses fautes l'ont compromise ; les efforts et le dévoue-
« ment de ces nobles et glorieuses familles ont été impuissants pour la
« sauver ».

« L'Empire, dont tant de noms illustres et populaires par leur bravoure,
« inscrits sur l'arc de triomphe, partageaient et réfléchissaient la gloire;
« l'Empire, malgré le dévouement des d'Essling, des Moskowa, des Reg-
« gio, est tombé à son tour, entraîné par ses fautes du haut de sa gran-
« deur ».

« Puisse le gouvernement de juillet réserver au monde un autre spec-
« tacle ! puisse-t-il éviter quelques unes des erreurs de ses devanciers ,
« comme il sait éviter leurs entraînements de gloire ! puisse-t-il trouver à
« l'heure du danger, si elle sonnait jamais, dans sa noblesse à lui, dans
« les Lechat, dans les Gaschon, dans les Piédevache, l'appui sauveur que
« les deux régimes précédents ont vainement attendu de la noblesse de
« leur temps ! »

Hélas! le 24 février, point de Lechat, point de Piédevache, point de Torchon, pas même un seul épicier, la monarchie de juillet a péri, comme
elle était née, sur les barricades.

En vérité, c'est là du désordre que ces anoblissements de *proprio motu*
signalés par M. Quérard, et un désordre qui a ses dangers. La Belgique,
quoique moins avancée que la France sous ce rapport, est passablement
engagée dans la même voie. La manie des noms et des titres y est arrivée,
pour beaucoup de gens, à l'état de maladie mentale, et il n'est pas rare
de voir de simples épiciers, dans leurs lettres de faire part, prendre sans
façon deux ou trois noms de terre, tandis que les gentilshommes véritables ajoutent à leur blason réel, une dorure d'emprunt, très capable de
la compromettre.

M. Quérard, il faut l'avouer, est le plus réjouissant de tous ceux qui
ont traité le même sujet que lui. Placcius, Dahlmann, Heumann, Mylius,
etc., étaient des savants graves et froids, ennuyeux à la mort. M. Quérard est un *dénicheur* dont la malice égale le courage, et qui est servi par
des correspondants spirituels et malins, au courant de tous les *cancans*
littéraires. De cet accord, il est résulté un livre, qui fait un bruit d'enfer,
un livre où toutes les célébrités de la plume et de l'écritoire sont repré-
sentées en déshabillé, où toutes les ruses de l'amour-propre ou de la
cupidité sont dévoilées.

Revenons maintenant au livre proprement dit de M. Quérard, qui a la
forme d'un dictionnaire. Il y a un certain nombre d'articles de ce dic-

tionnaire qui seuls feraient la fortune d'un livre, soit par l'étendue, soit par l'importance ou l'imprévu des documents qu'ils renferment, tels sont ceux de *Bonaparte* (Joseph), *Borde* (Charles), *Bredin le Cocu*, *Cagliostro*, où M. de Courchamps reçoit cruellement sur les ongles; *Catherine*, la grande Catherine, celle qu'exaltaient Voltaire, Diderot et d'Alembert, que le prince de Ligne appelait Catherine la Grande, et que M. P. R. A.-S., le collaborateur de M. Quérard dépouille successivement de tous les titres littéraires dont on l'avait gratifiée, même de ses épîtres familières, pour ne lui laisser en français qu'un style incorrect, barbare, dénué d'esprit et de raison. Les articles *Choiseul-Gouffier* et *Choiseul-Stainville*, ne sont pas moins intéressants. M. Auguis ne croit pas non plus que le premier soit l'auteur du « Voyage pittoresque de la Grèce », qu'il restitue, pour les dessins, à M. Fauvel, pour les fouilles, à M. Jumelin, enfin à M. Le Chevalier, pour les excursions dans la Troade, dont il a rédigé le journal. Le comte de *Caylus* se voit également déshabillé de ses œuvres archéologiques. Il faut convenir que MM. Quérard et Auguis sont de terribles sceptiques.

Les quatre premières livraisons de l'ouvrage de M. Quérard portaient pour titre les « Auteurs déguisés », etc. A partir de la cinquième livraison, l'auteur l'a changé en celui de « Supercheries littéraires dévoilées », et lui a donné une teinte un peu plus satirique qu'il n'avait fait d'abord. Du reste, c'est toujours la même abondance des faits singuliers, d'anecdotes piquantes, d'amusantes particularités. M. Quérard ressemble à la renommée d'Ovide ; il voit tout, entend tout, il a cent yeux, cent oreilles, et semble être parfaitement servi par ses correspondants, notamment par M. Grille, dont l'infatigable activité se manifeste encore ici d'une manière surprenante. Quant à M. De Mat, que M. Quérard cite bénévolement parmi les bibliographes, nous ne pensons pas que personne de ce nom se soit jamais signalé dans la bibliographie ; on publiait jadis chez feu M. P.-J. De Mat une espèce de journal de la librairie belge, mais le propriétaire n'y prenait aucune part. Nous n'en dirons pas autant de M. Massau, si profondément versé dans les moindres détails de la *Bibliographie éburonne* (1).

Continuons la citation de quelques uns des articles les plus remarquables de ce livre : *Christian* (P.), *Condorcet*, *Constantin*, *Créquy*, *Diderot*, où

---

(1) Le savant critique, auteur de cet article, a fait deux erreurs dans ce paragraphe : en donnant à M. Quérard, pour ses *Supercheries littéraires dévoilées*, les collaborateurs qu'il nomme. MM. Grille et Massau ont, à la vérité, fourni des matériaux à notre bibliographe, le premier surtout en très grand nombre; mais leurs notes étaient destinées aux Corrections et Additions de la France littéraire, que l'auteur même du livre se proposait de publier, notes qui ne seront désormais employées que dans l'*Encyclopédie du bibliothécaire et du bibliophile français* (Voyez le n° IX de la présente Notice). Quant à M. De Mat fils, dont le critique semble révoquer ici en doute les communications officieuses, une note des *Supercheries*, tome II, n° 3942, établit la vérité de cette assertion.

sont énumérés les écrits qui lui sont faussement attribués : le père *Duchêne*, masque d'Hébert, le folliculaire, jacobin et tailleuris . Mais un des articles capitaux, et dont on composerait au besoin un livre, c'est celui de M. *Dumas* (Alexandre). Un des collaborateurs de M. Quérard a soigné cet article avec amour ou plutôt avec une haine ingénieuse, infatigable (1)· Sans doute on doit déplorer qu'un écrivain de talent se mette si souvent. au dessus des règles de la délicatesse la moins susceptible , et se laisse égarer par une erreur d'industrialisme sans exemple, mais nous devons le dire, l'article où on le fait comparoir comme sur la sellette, respire une passion qui rend suspectes les critiques les pluslégitimes. Cet acte d'accusation commence à la page 414 et finit avec la page 584 (plus de dix feuilles d'impression!) La première section embrasse le théâtre du prévenu ou plutôt du condamné ; les deuxième et troisième sections embrassent ses romans et ses livres d'histoires, et Dieu savait ce qu'elles nous promettaient ! Là, le critique l'achève avec un acharnement sans égal, et lui applique les derniers coups de massue; sans doute, M. Dumas n'en mourra pas ; il sortira seulement de cette attaque égratigné et meurtri , mais le lecteur malin aura ri, et c'est un grand point dans notre *vallée de larmes.*

Avec l'article Dumas, ou à peu près, se termine le premier volume. Le second comprend les syllabes E-Lot. N'allez pas croire que sa rédaction ait été relâchée. C'est toujours la même connaissance des coulisses de la littérature, la même abondance d'anecdotes, la même richesse d'informations. En parcourant les articles de ce second volume, on ne revient pas de sa surprise de voir M. Quérard au courant de tant d'intrigues, initié à tant de mystères et d'artifices. M. Quérard est un homme terrible comme le remords, formidable comme la conscience.

Parmi un grand nombre d'articles remarquables de ce deuxième volume, nous citerons les suivants : *Électeur de Paris (un)* (Louis-Philippe, le dernier roi des Français) ; — *Étienne*, de l'Académie française ; — *Frédéric II*, le savant *Fréret*, pour les ouvrages qu'on a faussement imprimés sous son nom ; — mademoiselle *Gaëtan*, et les diverses imitations du « Mérite des femmes », de Legouvé ; — *Gannal*, — *Genoude*, — *Giraudeau de Saint-Gervais*, — *de Gouroff*, — *Grimm*, — *Hambrelin* (maistre), — *Hamilton* (lady), ambassadrice d'Angleterre; — *Hamilton* (lady), femme auteur; — les *Hermites*, — les *Hommes d'État*, — *Janin* (Jules), — *Jouy*, — *Jullemier* (madame), — *Juvénal* (L. C.), — *Krinelbol*, — *Krudner* (madame), — *Laborde* (le comte Alex. de), — *Lacenaire*, — *La Genevais*, pseudonyme commun à neuf rédacteurs de la « Revue des Deux-Mondes »; — *Lajariette*, auteur et artiste dramatique ; — le fameux abbé *de La Mennais* (2), *La Motte-Valois* (la comtesse)et, occasionnellement, l'indication des pièces judiciaires publiées par les impliqués dans l'affaire du collier ; — *Landon*, — le mar-

---

(1) C'est une nouvelle erreur. M. Quérard, pour son article Dumas, n'a eu d'autre collaborateur que le Catalogue des agents dramatiques de Paris.

(2) Voyez plus loin le nᵒ VII.

quis de *Langle*, — *Langlès*, orientaliste, — *La Paraz* (l'abbé) et le nouveau prophète Pierre-Mi... , ouvrier ; — *Las Casas*, — *Las Cases*, — *Latude*, — *Lauzun* (le duc de), — *Lenclos* (Ninon de), et les ouvrages dont elle a été sujet ; — *Locqman*, — *Lorme* (Marion de), et les ouvrages qui ont rapport à elle.

Nous gardons une petite anecdote pour la fin de notre extrait du travail de M. Quérard , écoutez l'anecdote :

Il y a cent ans, ou peu s'en faut, « l'Almanach des Muses », journal bien en vogue alors, inséra diverses pièces de vers portant le nom de mademoiselle Malcrais de la Vigne. C'était une jeune muse de province ; dix-huit ans, figure charmante, taille de nymphe, et, partant, beaucoup d'esprit. Ses vers furent trouvés délicieux ; plusieurs littérateurs éminents de l'époque s'enthousiasmèrent pour mademoiselle de la Vigne ; Voltaire lui décerna des éloges flatteurs. On découvrit ensuite que l'enchanteresse était un laid avocat de Paris, avocat sans causes, fort peu connu, un Desforges-Maillard qui eût été conspué sous ses vêtements d'homme. Style grave , sympathie publique, brevets d'immortalité, il perdit tout, jusqu'au bonheur d'être imprimé dans « l'Almanach » que nous avons nommé, du jour où il s'avisa de changer de sexe. Mystification semblable a été renouvelée de nos jours ; elle a fait moins de bruit ; les vers venant de la province rencontrent bien des concurrents qui leur disputent , parfois avec quelque succès, l'attention publique. M. G. Le Brisoys des Noires Terres (nous avons tout à l'heure écrit son nom), compose un poème intitulé « Théodora » ; le poème est imprimé dans la « Revue de Province », n⁰ˢ 5 et 6, sous le nom d'une jeune fille, Anna Faucher, de Quimperlé. Les deux numéros sont envoyés à quelques unes de nos célébrités contemporaines ; Anna Faucher leur écrit en même temps ; elle sollicite des avis, des encouragements. Plusieurs personnes répondirent à l'autographe de la jeune Bretonne ; madame Valmore, M. Victor Hugo, entre autres, adressèrent à Anna des phrases pleines de grâce ; ils lui donnaient de vifs témoignages de gratitude, de bienveillance ; ils lui conseillaient de cultiver dans la retraite son talent chaste et pur. « Je ne sais rien de plus charmant qu'une femme poète, mais quand cette femme est une jeune fille, je ne sais rien de plus touchant ». Ainsi écrivit l'auteur de « Notre-Dame de Paris ». Prenez garde , Anna ; restez à Quimperlé, craignez la rencontre du poète qui vous enivre de ces douces louanges, il sera dur pour vous de vous méfier de lui, mais il le faut.

Encore une anecdote littéraire, entre mille, car de pareils faits abondent, anecdote à laquelle M. Quérard fait allusion dans son discours préliminaire, tant il est difficile de lui apprendre quelque chose. En 1813, un M. Edouard Landié fit imprimer, chez Renouard, à 100 exemplaires seulement, une *Histoire morale de l'Éloquence, ou Développements historiques sur l'intelligence et le goût, par rapport à l'Éloquence.* Comme cette édition était un phénomène d'incorrections, de confusions et d'absurdités, M. Renouard en fit en 1814 une nouvelle, à bon marché, qu'il eut le courage de corriger. M. Landié prit parti pour ses *fautes* et attaqua vivement M. Renouard. Cela donna à la critique l'occasion d'examiner le livre en lui-même. On

crut s'apercevoir que les absurdités appartenaient à M. Landié, et que le
livre était, selon toute probabilité, de d'Aguesseau. On le rapprocha des
discours de ce grand magistrat *sur la connaissance de l'Homme et sur la dé-
cadence de l'Éloquence.* L'identité du style, des principes, de la doctrine,
parut manifeste. Ceux qui veulent s'éclairer sur cette question de *littérature légale*, comme disait Charles Nodier, peuvent recourir au tome CDLXXX
de « l'Esprit des journaux, » novembre 1814 (Bruxelles, Weissembruch,
in-12), pages 67-80, article signé R. C. (Renouard).

Entre mille travestissements littéraires, en voici un qui me revient en
mémoire, et qui n'est pas inconnu probablement à M. Quérard. Marin Le
Roy, sieur de Gomberville, auteur médiocre qui eut quelque réputation,
publia en 1646, un volume in-folio, intitulé : *Doctrine des mœurs, tiré de
la philosophie des Stoïques, etc.*, réimprimé à Bruxelles, en 1672, par Fop-
pens, qui ordinairement choisissait mieux. A.-A. Barbier place ce livre
parmi les anonymes (n° 4500). Cependant il est orné du portrait de l'auteur avec ces noms : *Thalassius Basilides a Gombervilla; Thalassius Basilides*, c'est *Marin Le Roy*, en masque, dit Tallemant des Réaux (Histo-
riettes, 2e édit., Paris, 1845, tome VIII, page 185), mais *a Gombervilla* gâte
tout; il devait ajouter *a Parco caballorum*, puisqu'il était aussi sieur du
Parc-aux-Chevaux.

M. Quérard n'est pas seulement au courant de ce qui se passe à Paris;
il sait sa Suisse littéraire comme sa France, il sait aussi son Bruxelles
sur le bout du doigt, et en remontre sur ce point à ceux même qui vi-
vent sur les lieux. Nous avons déjà remarqué dans les deux premiers volumes de ses Supercheries, parmi un plus grand nombre de pseudonymes
de la Belgique ceux de *Banni (un)*, *Books-Nabouag*, *Citoyen des Pays-Bas (un)*,
Habitant de la Corse (un) et *Linny-Babagor*, tous masques du célèbre *Libri-
Bagnano*, appelé par les plaisants de 1829 et 1830, le *libéré du bagne.* Il n'é-
tait pas impossible de donner d'autres éclaircissements; *Du Fan,* — *Fort-
sas,* — *Goubeau de Rospoel,* — *Guinan-Laoureins,* — *Herberghen* (H. van),
— *Justin* ***, — *Kerckhove de la Varend* (le vic.), — *Landremont, etc., etc.*

Maintenant, pour faire aussi la part de la critique, nous dirons qu'il
s'est glissé par-ci par-là quelques incorrections de langage et que les titres conçus en latin sont moins purement imprimés que les autres. Mais
ce sont là de légères taches dans un travail si vaste et poursuivi avec tant
de conscience et de courage.

Baron F. DE REIFFENBERG, « Bulletin du Bibliophile belge ».

L'abus de l'anonyme, du pseudonyme, des suppositions d'auteurs, rend
bien difficile l'histoire littéraire des quatre derniers siècles : au milieu
de ces *Supercheries* innocentes ou coupables, il est bien mal aisé de se re-
connaître, de rendre à chacun son véritable nom d'abord, puis les œuvres
dont il a rejeté sur autrui la responsabilité, et celles enfin qu'un plagiaire
a su lui voler : c'est là un travail presque sans fin, qui eût effrayé toute
autre patience que celle d'un bibliographe éprouvé. M. Quérard a entre-
pris cette œuvre de recherches dont il ne peut lui-même préciser le terme,
mais qu'il accomplit avec une rigueur et une exactitude dont Barbier ne
lui a pas toujours donné l'exemple.

L'auteur continue bravement le travail jusqu'à nos jours, et alors le livre des *Supercheries* a plus qu'une valeur littéraire ; il n'est plus seulement question des curiosités du passé, de points d'histoire plus ou moins obscurs ; il s'agit de la probité de nos contemporains, et M. Quérard, quoi qu'il en dise, accepte le rôle périlleux de grand justicier : selon l'expression de M. de Reiffenberg, il s'est chargé de la haute police en littérature, et nous tous, pour notre dignité et pour l'honneur de la *République*, nous devons l'encourager et lui prêter main forte.

Dans une longue et curieuse introduction, l'auteur donne le détail de toutes les Supercheries des écrivains pendant les quatre derniers siècles, il s'appuie sur les nombreux exemples empruntés à son livre, et donne comme Nodier, presque un Manuel de littérature légale. M. Quérard divise les fraudes qu'il signale en quatre catégories : il y a les Auteurs apocryphes, supposés, déguisés ou pseudonymes, plagiaires et éditeurs infidèles, encore les *industriels littéraires* et les *clients*, puis enfin les écrivains qui se sont *faits nobles*.

D'abord le pseudonyme met à couvert cette délicate vanité qu'on appelle modestie d'auteur, ou rassure la timidité de ses débuts ou bien encore sert de sauve-garde à un nom illustre ou ridicule. Cette supercherie, de toutes la plus innocente généralement, a du moins l'inconvénient de créer d'inexplicables énigmes pour les historiens littéraires ; et pourtant il est tant de raisons avouables pour lesquelles on doit décliner à la face du public la responsabilité de quelques œuvres, il est tant de noms « mal sonnants, » que l'on ne saurait blâmer le pseudonyme.

M. Quérard garde toute sa sévérité pour le plagiaire qui s'approprie une une idée ou un fragment, pour le *voleur littéraire* qui publie sous son nom un livre entier qui ne lui appartient pas, et pour les éditeurs infidèles qui retouchent, altèrent ou mutilent pour la spéculation, les œuvres des maîtres. Nous ne devons pas oublier non plus les *industriels :* ceux-là mettent leur plume au service d'un grand seigneur qui veut tout acheter jusqu'à la gloire littéraire, ou d'un écrivain en renom qui se contente de jeter dans son *atelier* « le coup-d'œil du maître ». Quant aux auteurs qui croient ennoblir les œuvres en anoblissant leur nom, on sourit de leurs travers, on aime à les voir dévoilés ; mais à quoi bon attaquer une fantaisie tout innocente ?

Le but de M. Quérard est, dit-il, « d'aplanir les difficultés que l'on a créées pour la future histoire littéraire de la France ; accessoirement, d'établir que toute astuce en littérature est coupable, qu'elle est tôt ou tard découverte, et de déterminer les écrivains qui en commettent, à renoncer à ces finesses qui font déconsidérer la Littérature. Les lettres françaises ne doivent pas être responsables des délits qu'ont commis et que commettent quelques uns de leurs indignes enfants ».

Le livre est publié sous la forme d'un dictionnaire : deux volumes ont déjà paru ; ils renferment tant de curieuses révélations, dénotent des recherches si rigoureuses, si consciencieusement faites, que l'on se prend à regretter qu'un pareil travail n'ait pas été fait sur les siècles qui précèdent.

« Revue indépendante », 10 janvier 1848.

Le journal « l'Illustration » s'est, à diverses reprises, occupé des *Supercheries littéraires dévoilées*, mais plus dans le but de faire connaître à ses lecteurs les pseudonymes sous lesquels se sont cachés beaucoup d'écrivains de l'époque actuelle. Un seul article a plus directement trait au livre, et nous allons le reproduire ici, en omettant toutefois les citations qui en sont extraites :

Nous avons annoncé à diverses reprises la mise en vente des premières livraisons de cet ouvrage, auxquelles nous empruntions en passant quelques révélations curieuses. Dans le principe, les *Supercheries littéraires dévoilées* étaient intitulées les *Auteurs apocryphes, supposés, déguisés, plagiaires*, et ne devaient former qu'un volume. Non content de changer de titre, M. Quérard a fait subir au plan primitif des modifications considérables. De combien de volumes se composera maintenant son ouvrage? Il n'a pas confié ce secret à ses nombreux souscripteurs. Tout ce que nous savons, c'est que le tome premier, aujourd'hui entièrement terminé, n'a pas moins de trente-huit feuilles, et ne comprend que les quatre premières lettres de l'alphabet. L'auteur donne de tels développements à son travail, que l'article *Alexandre Dumas* remplit à lui seul deux cents pages. Il est vrai que le sujet prêtait.

Ce premier volume s'ouvre par une longue introduction où M. Quérard a peut-être eu le tort de citer trop d'articles de journaux, et qui est divisée en six chapitres : les ouvrages apocryphes et les auteurs supposés, les pseudonymes, les plagiaires, les vols littéraires, les imposteurs en littérature et les éditeurs infidèles, tels sont les sujets de ces six chapitres, qui soulèvent et résolvent de graves questions littéraires. Nous ne partageons pas, quant à nous, toutes les opinions de M. Quérard; mais nous ne pouvons qu'applaudir à ses efforts si courageux et si persévérants pour « ôter le masque de la plus grande partie des littérateurs qui occupent actuellement le public ».

. . . .

M. Quérard dût-il nous accuser de camaraderie dans ces notes si inutiles dont il se montre toujours trop prodigue, nous ne pouvons nous empêcher de recommander à tous les bibliographes ses « Supercheries littéraires dévoilées » comme une œuvre remarquable de patience et d'érudition, qui contient surtout une masse énorme de documents, en grande partie inédits, sur les mystères littéraires de notre époque.

« Illustration », 5 février 1848.

VII.

Bibliographie La Mennaisienne. Notice bibliographique des ouvrages de M. de La Mennais, de leurs réfutations, de leurs apologies, et des biographies de cet écrivain. Troisième édition, augmentée. 1850, in-8°, 2 fr. 50 c.

Cette brochure extraite des « Supercheries », longuement et consciencsement élaborée, en très petit texte, fourmille de faits curieux, intéressauts, de citations, de comparaisons et de réfutations, disputes, etc., qui feront de ce livre l'un des plus piquants de notre époque.

« Bulletin du Bibliophile », IXe série, pag. 79 (1849).

Voici ce que le très savant M. Weis, bibliothécaire de la ville de Besançon, écrivait à M. Quérard au sujet de cet ouvrage.

« Mais je vous écris moins pour vous faire une réclamation que pour
« vous remercier de tout le plaisir que j'ai eu à lire votre article du fa-
» meux abbé de La Mennais. C'est à mon avis un chef-d'œuvre en son
» genre. Que de livres et de recherches cet article a dû vous coûter! Quel
« ordre dans la distribution des matériaux! et que de sagesse dans vos ap-
« préciations. *Vous êtes le premier bibliographe de France!* et il est im-
« possible qu'amis et ennemis ne finissent par vous rendre la justice que
« vous méritez ».

Besançon, le 22 mars 1849.

volume sur ceux que M. de La Mennais a écrits! Ce livre est le plus curieux, le plus intéressant qui ait été publié à propos du trop célèbre abbé. M. Quérard possède une vaste érudition bibliographique, un esprit droit, éclairé, impartial. Il a, en outre, une science et une patience de bénédictin. Toutes ces causes font de sa brochure un ouvrage indispensable à ceux qui veulent parfaitement connaître M. de La Mennais. Pour mieux la recommander à nos lecteurs, nous allons la parcourir avec eux.

M. l'abbé Félicité ROBERT, dit de La Mennais, né le 19 juin 1782, est fils d'un négociant estimable de Saint-Malo, qui eut le malheur de faire banqueroute au commencement de ce siècle. C'est peut-être à la suite de cet accident qu'il troqua son nom de ROBERT contre celui de de La Mennais. Ces changements de noms sont assez fréquents aujourd'hui; ainsi, le nom de M. de Lamartine est Prat; celui de M. de Pongerville est Samson; celui de M. de Vaulabelle est Tenaille, etc., etc. Le dix-huitième siècle en offre aussi des exemples. Pour n'en citer qu'un, les deux frères Condillac et Mably s'appelaient MM. Bonnot.

Mais, ne nous arrêtons point à ces détails. Depuis ceux qui l'ont spirituellement nommé le *dernier père de l'Église* jusqu'à ceux qui l'ont appelé un Babeuf en soutane, M. de La Mennais a peut-être reçu deux cents dénominations différentes.

« C'est une sorte de Diderot catholique, dit M. Madrolle; il nous semble plus doué d'imagination que de jugement. Son talent est de hasard plutôt que de système. Il a fait d'assez beaux *Mélanges*, des articles de journaux, des brochures, des pages, des pensées décousues assez belles. Il n'a pas, selon nous, fait un bel ouvrage ».

M. de La Mennais a écrit : « Toute dissidence avec le chef visible de l'Église catholique, le représentant, le vicaire de Jésus, le pape, en un mot, est un schisme coupable; toute résistance à son infaillible décision, est une rébellion impie ». Et plus tard, à propos du journal « l'Avenir », M. de La Mennais commit cette rébellion impie.

Il sollicita et obtint de Grégoire XVI son pardon. Comment reconnut-il cette bonté? En publiant presque aussitôt les « Paroles d'un croyant ».

« livre peu considérable par son volume, dit Grégoire XVI en le condamnant, mais immense par sa perversité ». Il semble donc que M. de La Mennais, ordonné prêtre en 1817, à l'âge de trente-cinq ans, ne soit entré dans le sein de l'Église catholique que pour y apporter le désordre et le trouble.

Le livre de M. Quérard peut être regardé comme l'histoire des variations de M. de La Mennais. Aussi est-il imprimé en petit-texte compacte, enrichi de notes excessivement curieuses et colligées avec le plus grand soin. On y voit M. de La Mennais successivement écrivain ascétique, critique, politique, polémiste, théologien ; M. de La Mennais journaliste, libraire, traducteur, éditeur, et finalement chef de la *Solidarité républicaine* , président des banquets anarchiques dans lesquels on boit à Robespierre, à Marat, à Saint-Just.

M. de La Mennais, journaliste, fut poursuivi une première fois, en 1823, pour un article publié dans le « Drapeau blanc », contre M. de Frayssinous et l'Université. C'est à ce propos qu'il lança sa terrible menace : *Vous saurez ce que c'est qu'un prêtre !* En effet, il nous apprit depuis ce que c'est qu'un mauvais prêtre.

En 1826, M. de La Mennais fut de nouveau poursuivi pour son livre : « De la Religion considérée dans ses rapports avec l'ordre politique et civil », dans lequel se montrant ultrà-ultramontain, il attaquait violemment la déclaration de 1682, regardée comme une des lois politiques constitutives de la France. M. de La Mennais ne se défendit point. « Je dois à ma conscience, dit-il, et au caractère sacré dont je suis revêtu, de déclarer au tribunal que je demeure innébranlablement attaché au chef légal de l'Église ; que sa foi est ma foi, que sa doctrine est ma doctrine , et que, jusqu'à mon dernier soupir, je continuerai de les professer et de les défendre ». Cette profession de foi ne ressemble-t-elle pas un peu à celle que le citoyen Proudhon, aujourd'hui son ami, a placée en tête de son fameux programme de la Banque du Peuple ?

En 1819 parut un ouvrage socialiste de M. Alexis Dumesnil ayant pour titre : « Manifestation de l'esprit de vérité ». Dans ce livre il était dit : que les riches et les grands sont en abomination devant Dieu ; que le Christ était pénétré d'une profonde horreur pour les riches et les prêtres ; que la parole de Dieu, en abolissant l'esclavage, a anéanti le principe même de la *propriété*. Là où l'on peut se dire : Ce champ est à moi, la terre m'appartient, l'homme n'est-il pas toujours l'ennemi de l'homme , son maître et son tyran ?... Il n'y a ni *maître*, ni *pontife*, ni ordonnances humaines, ni cérémonies pour le disciple de la vérité..... toute *richesse*, toute *puissance individuelle* est contraire à la loi de Dieu. Gouverner c'est détruire. Si vous demandez que les grands et les riches soient détruits, ils le seront, etc.....

« Je me lasse, disait M. de La Mennais en rendant compte de ce livre, je me lasse de transcrire *ces abominables folies*. Il est bon cependant de montrer *jusqu'où les esprits s'emportent,* quand ils ont brisé leur frein, et qu'ils ne connaissent plus de règles hors d'eux-mêmes. *Renversez l'autorité, aussitôt la raison s'éteint ;* il ne reste qu'un aveugle et sombre fanatisme,

Les uns, en rejetant l'autorité divine, détruisent la Société et l'Homme même ; les autres , *sous prétexte de rejeter l'autorité humaine*, anéantissent la religion, *et finissent par nier tout, même Dieu.* Les doctrines les plus opposées en apparence se confondent dans leurs effets ; elles s'allient pour dévaster et marchent ensemble contre la vérité qui les repousse également. Ainsi la communauté des biens ou *l'abolition de la propriété, que Diderot et Babeuf prêchaient* au nom de l'athéisme, M. Dumesnil les réclame au *nom de l'Évangile* et de Jésus-Christ ».

« Et parce que cet homme est *un insensé,* il ne faut pas croire que ses maximes soient sans conséquences. *D'autres insensés* les répandent en Angleterre, où elles font des progrès parmi le peuple. Madame Krudner les sème en Allemagne ; elles y germeront, qu'on n'en doute pas, et porteront *un jour* de fruits sanglants. *Jamais on ne provoqua vainement les passions de la multitude.* '

« Des fanatiques d'un autre genre se nourrissent d'idées semblables ; elles influent sur les gouvernements mêmes, elles deviennent une partie de leur politique. L'indifférence absolue des religions établies par les lois tend à détruire tout culte. Les *principes démocratiques,* introduits dans ces mêmes lois, *tendent à détruire toute grandeur sociale.* D'immenses confiscations ont ébranlé le droit de propriété, et, en favorisant à l'excès la division des terres, on prépare le moment où, appartenant à tout le monde, elles n'appartiendront à *personne.* Plus les propriétés sont divisées, plus elles changent de mains ; et peut-être ne faudrait-il pas morceler le sol beaucoup davantage, pour que, les droits de mutation et l'impôt foncier, absorbant tous les revenus, l'État fût, par le fait, seul propriétaire.

« Les passions les plus exaltées se joignant à tant de causes de désordre, personne ne peut dire quels destins Dieu réserve à la Société. Les doctrines religieuses, morales et politiques, les lois et les institutions qu'elles avaient consacrées formaient comme un vaste édifice, demeure commune de la grande famille européenne. *On a mis le feu à cet édifice.* Les peuples, s'entreregardent à la lueur de l'incendie, et, agités d'un sentiment inconnu, attendent avec anxiété un avenir plus inconnu encore. « F. de La Mennais ».

A ce langage ultrà-royaliste, qui reconnaîtrait le rédacteur du « Peuple constituant » ou de « la Réforme » le farouche républicain de la *veille* qui dirige aujourd'hui la *Solidarité républicaine,* c'est-à-dire la démagogie ? Est-ce bien le même esprit, le même écrivain, le même homme ? Comment se fait-il que, trente ans plus tard, M. de La Mennais se soit mis à prêcher, à répandre, à enseigner ces *abominables folies* qu'il flétrissait alors avec tant d'énergie et de vérité ?

En 1823, à l'occasion du 21 janvier, M. de La Mennais fit, dans le « Drapeau blanc », un autre article non moins remarquable et non moins curieux à lire aujourd'hui. En voici quelques passages :

« Le Christianisme a créé la royauté, elle est un de ses bienfaits. Il a élevé le pouvoir, il l'a *divinisé.* Hors le Christianisme, il n'y a que des maîtres que l'on *hait.* La royauté est le *seul état durable,* le seul même qui soit possible aujourd'hui. *La Société croule quand la royauté est abattue.* La royauté et le sacerdoce sont *divins* dans leur origine... L'on est roi comme on est prêtre... Un roi est le ministre de Dieu... Et voilà ce qui fit de la mort de Louis XVI une calamité telle, qu'aucune nation n'en éprouva de semblable... Chefs des nations, c'est à vous que la voix du sang de Louis XVI s'adresse et vous crie : *soyez rois...* Le souverain qui laisse mettre son autorité en litige l'abandonne. Ce n'est pas sous la Convention, mais sous les États-Généraux que la monarchie périt en France..., etc ».

En novembre 1848, nous retrouvons M. de La Mennais rédacteur de la « Révolution démocratique et sociale » !

En avril 1849, il est porté par les communistes révolutionnaires de Paris sur la liste des vingt-huit candidats que vous connaissez !

Je m'arrête. Le rouge de la honte me monte au visage. A mesure que je vois l'infamie s'attacher au nom de M. de La Mennais, il me semble que je perds quelque chose de ma dignité d'homme. Eh quoi ! ni le talent, ni l'érudition, ni le caractère sacré de prêtre, n'ont pu empêcher un grand esprit, entraîné par l'orgueil, d'aller se perdre dans les bas-fonds de la démagogie ?

C'est en ce sens surtout que le livre de M. Quérard offre un grand et terrible enseignement. Il faut suivre jour par jour, année par année, les variations de M. de La Mennais pour voir jusqu'où peut entraîner l'ambition, le désir insatiable de popularité. La « Bibliographie La Mennaisienne » est plus instructive, plus philosophique, je crois, que tous les ouvrages ensemble de l'illustre écrivain. Elle vous conduit dans son intimité, dans les moindres détails de sa vie. Elle ne vous laisse rien ignorer. Remercions donc M. Quérard d'avoir eu le courage et la patience d'accomplir ce beau travail. C'est un fil conducteur indispensable dans le labyrinthe des opinions, des croyances, des tergiversations de ce royaliste d'hier, démagogue d'aujourd'hui, anarchiste de demain, qui méritait bien de voir son nom accolé à celui d'un Mallarmet, d'un Proudhon, d'un Greppo ou d'un Savary.   « Bulletin de Censure », 30 avril 1849.

Ce précieux morceau d'histoire et de bibliographie est tiré des « Supercheries littéraires »... M. Quérard ne s'y montre pas seulement le mieux informé et le plus exact bibliographe de France, mais il se range parmi les hommes courageux qui osent dire tout haut la vérité. Ceux qui bouleversent la Société ont pris un parti fort commode, ils ne se font aucun scrupule de commettre les actes les plus odieux et les plus coupables, et quand on raconte leurs faits et gestes, eux et leur faction de crier à la calomnie. Ces messieurs voudraient établir leur inviolabilité et faire taire la droiture en exerçant sur elle une sorte de terreur. Mais, M. Quérard ne donne pas les mains à la conspiration contre l'Histoire. Aucune considération ne l'empêche de dire ce qui est : possesseur des renseignements les plus curieux et les plus étendus, il ne les sacrifie point à des calculs intéressés. Il offre un noble et rare exemple au milieu de tant de lâchetés qui déshonorent son pays.

La « Bibliographie La Mennaisienne » présente un douloureux spectacle. On y voit un prêtre d'abord orthodoxe, sinon sincère, puis marchant insensiblement vers l'apostasie de l'impiété, suffoqué de fiel et d'orgueil, jusqu'au jour où l'on peut lui appliquer ce vers de « Tartufe » :

Voilà, je vous l'avoue, un abominable homme.

Qui lira la brochure de M. Quérard pénétrera profondément dans un des épisodes les plus étonnants de l'histoire littéraire et théologique de notre temps. Il serait impossible d'être plus complet et plus piquant par la simple et scrupuleuse exposition des faits. C'est ainsi qu'il faut combattre les démagogues et les ennemis de toute règle. Les montrer tels qu'ils sont, est le plus sûr moyen d'expliquer leur conduite , de démasquer leurs plans et de faire crouler leurs doctrines.

> Baron F. de Reiffenberg, « Bulletin du Bibliophile belge »,
> tom. V (1849), pag. 354.

Précédemment M. le baron F. de Reiffenberg avait écrit à l'auteur :
« Votre « Bibliographie La Mennaisienne » est admirable ; avec quel cou-
« rage vous démasquez ce prêtre odieux, avec quelle clarté vous mon-
« trez par quelle route il s'est égaré ! L'histoire littéraire vous aura des
« obligations infinies, et moi, en particulier, je vous dois beaucoup pour
« vos obligeantes communications et les choses vraiment curieuses que
« vous m'apprenez à chaque ligne ».

Bruxelles, le 20 mai 1849.

Le savant critique est revenu une seconde fois sur cette notice dans le tome V. de son Bulletin du bibliophile belge, page 419, et en a dit :
« C'est un morceau achevé où ce prêtre est montré dans toute sa dé-gradation ; jamais on n'instruisit avec plus de courage et d'impartialité le procès d'un grand coupable : la sentence ressort d'elle-même de cet examen de tant d'apostasies, d'impiétés et de folies furibondes.
« M. Quérard croit ne faire que de la bibliographie; sa mission est bien plus haute : il défend l'ordre social en dépouillant ses ennemis de leurs armes empruntées ».

VIII.

Omissions et bévues du livre intitulé « la Littérature française contemporaine », par MM. Ch. Louandre et F. Bourquelot, ou Correctif de cet ouvrage. Avec cette épigraphe : Male parta, male dilabuntur. (Première livraison). (BON-CHR). In-8º de xx et 33 pages à 2 colonnes, avec deux autographies, 2 fr. — Sur papier collé, 4 fr.

M. Daguin, après avoir traité avec M. Quérard pour la continuation de sa « France littéraire », rompit le traité sans motifs valables (1), et s'a-

---

(1) Lisez *avouables*.

M. Fél. Daguin trouvait qu'il y avait trop de lenteur dans la publication de l'ouvrage, par suite des recherches consciencieuses de M. Quérard. Ce ne fut là qu'un prétexte au véritable motif, qu'il est inutile de faire connaître ici ; et ce qui le prouve, c'est que la nouvelle rédaction à partir de la 12ᵉ livr., qui lui appartient, n'a pas apporté plus de célérité. Du mois d'octobre 1844, au mois de décembre 1849 (la 12ᵉ livraison est annoncée dans la Bibliographie de la France, sous le nº 5162 de 1844, 19 octobre, et la 26ᵉ et dernière publiées sous le nº 2953 de 1849, 26 mai), cela fait près de cinq ans, et il n'a été publié, que quinze livraisons, soit terme moyen, trois livraisons ou quinze feuilles par an. Et pourtant la nouvelle rédaction a compté jusqu'à cinq collaborateurs, non compris M. Achmet d'Héricourt, tandis que M. Quérard était seul, et ne pouvait qu'être seul. La rédaction a-t-elle au moins gagné quelque chose par cette réunion de rédacteurs ? Ce qui paraît des *Omissions et Bévues* l'établit très négativement, et les livraisons suivantes le justifieront encore mieux. *Male parta, mal dilabuntur.*

La première livraison de la *Littérature française contemporaine* a paru en janvier 1839 (Voy. la Bibliographie de la France, nº 189 de 1839), et à la fin de janvier 1850 il ne paraissait pas plus loin que la vingt-sixième. Voilà *onze années complètes que l'ouvrage est en cours de publication, et la dernière livraison ne va pas au delà de la syllabe* GUI ; trois volumes un quart pour n'être pas au tiers du livre ! Qui peut prévoir s'il sera terminé jamais, et en présumant qu'il le soit, quand le sera-t-il ? et de combien de volumes sera-t-il composé, tant ce livre a été enflé d'articles étrangers au plan primitif. Car M. Daguin en a imposé à ses souscripteurs, quand il a fait imprimer dans le feuilleton de la Bibliographie de la France, du 25 juillet 1846 : *Je rentrai immédiatement dans le plan qui avait été fixé par mon traité avec M. Quérard.* Cette assertion est matériellement fausse.

Le traité entre l'auteur et le libraire, aussi bien que le prospectus de l'ouvrage, concernait un livre donnant *l'indication chronologique des publications originales des écrivains français, régnicoles et étrangers, et celle des éditions et traductions françaises des auteurs étrangers vivants, imprimés en France, pour la première fois, pendant ces quatorze dernières années,* et ne promettait nullement l'indication des nouvelles traductions et réimpressions d'ouvrages de tous les temps et de tous les lieux, ainsi que l'a fait depuis la nouvelle rédaction (voy. les *Omissions et Bévues*), ce qui ne justifie plus alors le titre de *Littérature française contemporaine.* Le volume et un quart rédigé par M. Quérard, prouve suffisamment qu'on s'est très éloigné du plan primitif.

M. Quérard a eu le malheur de traiter avec M. Fél. Daguin, de signer un contrat qui prêtait à des interprétations défavorables pour le contractant de bonne foi, et qui le mettait à la merci de son éditeur (Voy. la note de la page 5); M. F. Daguin a considéré plus tard M. Quérard comme son homme lige, et dès lors il s'est cru en droit de prendre comme siens les travaux ultérieurs du bibliographe. En

dressa, en fin de compte, à deux hommes d'esprit et de talent, **MM.** Louandre et Bourquelot, qui lui ont plus souvent prêté leur nom que leur plume,
et qui ont eu l'excellente idée de s'aider de **M.** le vicomte Achmet d'Héricourt pour ce qui concerne quelques écrivains du nord de la France et des
Pays-Bas. Toutefois l'absence de **M.** Quérard s'est fait bientôt remarquer.
Tout le monde n'a pas son intrépide capacité d'exploration, son besoin insatiable d'exactitude, qualités que quelques vices de rédaction ne sau-
raient obscurcir. De là des lacunes et des erreurs que M. Quérard attribue
plutôt à M. Félix Daguin qu'à ses collaborateurs. Il prend l'ouvrage qu'il
corrige au point où il a cessé sa rédaction, et poursuivra cette révision
au fur et à mesure. L'errata de la moitié du second volume est effrayant,
mais c'est une preuve sans réplique. A cette manière d'argumenter, on
ne peut opposer que le silence.

Baron F. de REIFFENBERG, « Bulletin du Bibliophile belge »,
tom. V (1848), pag. 132.

IX.

Pour paraître à partir de janvier 1851.

**Encyclopédie du bibliothécaire et de l'amateur
de livres français,** ou la Bibliographie française appliquée à
l'étude des choses, des nationalités, des hommes célèbres et des
faits ; des sciences, des arts, de la littérature et de l'histoire, depuis

---

dépossédant M. Quérard de sa « Littérature française contemporaine », M. Fél.
Daguin a voulu en même temps le mettre dans l'impossibilité de publier les
Corrections et Additions à la France littéraire, qu'il avait annoncées dans la
préface de ce livre, et il y a réussi. Il a d'abord cherché à faire confondre et
à s'approprier judiciairement les matériaux très distincts de ces Corrections et
Additions avec ceux de la Littérature française contemporaine dont il n'existait
pas une page écrite, puisque M. Quérard travaillait au jour le jour, et que les
matériaux rédigés n'allaient pas au delà des articles Bonaparte, dont il s'oc-
cupait lorsqu'il a été dépossédé. C'est alors qu'ayant échoué, M. Fél. Daguin a
pris le parti de faire entrer dans le livre devenu le sien, une foule de mentions
hétérogènes qui, par l'antériorité à l'année 1827 de la composition des ouvrages, ne devaient trouver leur place que dans les corrections et additions
précitées. Plus tard, M. Quérard publia ses *Supercheries littéraires dévoilées ;*
elles l'ont rendu rédacteur forcé du livre de M. Daguin : on s'est approprié
des pages entières de ce dernier livre !

A l'époque plus ou moins éloignée de l'achèvement de la *Littérature française contemporaine,* ce livre sera non seulement incomplet par les innom-
brables omissions qui s'y remarquent, mais encore par la non-uniformité de la
période qu'il embrasse et par le temps qu'aura duré cet achèvement. Déjà le
travail, qui n'est qu'au tiers, n'est plus au pair, puisque le premier volume et
une partie du deuxième ne vont pas au delà de 1840 ; que plus tard on a fixé
son temps d'arrêt à 1845, et que nous sommes en 1850, très éloignés d'avoir
la fin du livre. Si donc jamais il s'achève, il sera vieux de tête et de torse en
finissant, et par conséquent à refaire.

la plus haute antiquité jusques et y compris la première moitié du
XIX⁰ siècle. Indiquant les ouvrages, opuscules, dissertations et mémoires imprimés en français, sur tout le Globe, depuis l'origine de
l'imprimerie jusqu'à la fin de 1850, et présentés, au point de vue
de l'homme d'étude et du bibliophile, par ordre alphabétique de
sujets, et chronologiquement dans chaque article. Ouvrage rédigé
par une société de bibliophiles français et étrangers, sous le pa-
tronage de plusieurs amis des lettres françaises, et publié sous la
direction de M. *J.-M. Quérard,* auteur de « La France littéraire, »
des « Supercheries littéraires dévoilées, » etc.

Un bibliographe ne peut pas avoir la prétention, comme tout autre écrivain, de publier ses œuvres, lui dont les travaux ne se composent que de
pièces et de morceaux, le plus souvent d'emprunt. Il ne peut, qu'après de
nouvelles recherches laborieuses et considérables, augmenter ses travaux
antérieurs, leur donner une coordination nouvelle et les rendre d'une utilité plus grande et plus fréquente. Cela ne constitue point des œuvres,
mais enfin cela forme pourtant la réunion complète de tous les travaux du
bibliographe.

C'est là le nouveau livre de M. Quérard.

M. Peignot a publié un « Répertoire de bibliographies spéciales ». L'auteur de la «France littéraire » n'a pas eu l'intention de réimprimer cet ouvrage, mais de donner le dépouillement des bibliographies citées par un seul
mot, à chacun de ses articles, et d'en former un grand nombre de nouvelles, de
ce tout qui concerne la Littérature française sur tout le Globe. Enfin ce livre
doit être pour notre littérature, d'abord, avec plus de développements et
de clarté, ce que les tomes III et IV de la « Bibliotheca britannica », de
Watt, par ordre alphabétique de sujets, sont pour la Littérature anglaise,
et ensuite une reconstruction générale du « Dictionnaire raisonné de Bi-
bliologie, etc., de M. Peignot ; plus, l'immense travail propre à M. Quérard, dans lequel se confondent les plus importants ouvrages de Bibliographie depuis Du Verdier et La Croix du Maine, jusqu'aux ouvrages les
plus récents.

Indépendamment des matériaux immenses qu'il a recueillis lui-même
(plus de deux cents portefeuilles de notes qui ne se trouvent sous la
même forme dans aucun ouvrage de bibliographie française) (1), M. Quérard fait encore un appel au concours des bibliophiles qui se sont occupés
d'une spécialité quelconque. Et déjà des amis des lettres françaises ont ré-
pondu à cet appel.

Aussi peut-on compter dès à présent, au nombre des bibliophiles qui
prêteront leur concours à l'*Encyclopédie du bibliothécaire et de l'amateur*

---

(1) Parmi ces matériaux figurent non seulement ceux qui étaient destinés aux
Corrections et Additions à la France littéraire, mais encore ceux qui ont été recueillis pour la rédaction d'un supplément et continuation à la « Bibliothèque
historique de la France » du P. Lelong et de ses continuateurs, annoncés,
en 1836, sous le titre de : les *Écrivains de l'histoire de France.*

de livres français, les noms des écrivains suivants pour quelques articles principaux : MM. ALKAN (imprimerie, origine, progrès, introduction, imprimeurs célèbres, législation, arts se rattachant à l'imprimerie); BORRING, professeur à l'École royale militaire de Copenhague (le Danemark); BOSSEL DE SAINT-MARTIN (Jeanne-d'Arc, ses biographes et historiens, et les poètes qui l'ont chantée); BREU (Alsace), d'après un travail imprimé; G. BRUNET, de Bordeaux (l'Aquitaine et ses divisions postérieures en provinces et départements); CARMOLY, de Bruxelles (la Belgique, la Judée et les juifs anciens et modernes); DE CAYROL, anc. député (les Ana, le P. Daire, Gresset, les Mazarinades, la Correspondance de Voltaire); L. CHODZKO (la Pologne); DARD, avocat à Paris (la province d'Artois et les Artésiens célèbres); Eug. de FROBERVILLE (l'île Maurice, d'abord Cerno, ensuite Maurilius, île de France, enfin île Maurice, dans l'Océan Indien); F. GRILLE (l'Anjou et le Maine); HUMBERT, de Genève (la Suisse); J. LAMOUREUX (la Lorraine); LECOQ (l'Auvergne), d'après un travail publié; G. MANCEL (la Normandie); F.-P. MARTELLON (l'Économie politique); R. MERLIN (la Bibliographie, ses systèmes en France, bibliographie bibliographique, les bibliographes qui ont écrit en français); le doct. PAYEN (Montaigne), ses ouvrages, ses commentateurs, ses biographes. — La Société philantropique de Paris; A. PILLON, biblioth.-adjoint à la Bibliothèque nationale (histoire de la langue et de la littérature grecques; linguistique grecque); Serge POLTORATZKY, de Moscou (la Russie); RICHARD, des Vosges (le département des Vosges); Jos. RICHARD (bibliographie de J.-J. Rousseau), M*** (la Librairie, son histoire, ses lois, libraires célèbres); M*** (l'Algérie), d'après un travail imprimé par ordre du gouvernement. Les travaux imprimés sont toujours rectifiés et complétés, et appropriés surtout au plan de cette encyclopédie nouvelle.

Ainsi qu'on le voit, entre la *France littéraire* et l'*Encyclopédie du bibliothécaire* il n'existe d'autre similitude qu'un air éloigné de famille... bibliographique. Le premier ouvrage n'est qu'une simple nomenclature d'écrivains que le second non seulement reproduit en faisant remonter ses indications à l'origine de l'imprimerie et en les continuant jusqu'à la fin de 1850. Ce dernier présente encore de plus, dans la même *alphabétisation*, des réponses à toutes les questions sur les choses, les nationalités, les hommes et les faits sur lesquels il existe quelque chose d'imprimé, afin d'en former, malgré les nombreuses subdivisions que comporte la bibliographie, un vocabulaire unique et complet de cette science, qui renfermera deux cent mille mots de sa langue (1).

Nous avons vu quelquefois émettre l'idée, irréalisable, d'une « Bibliographie universelle», rédigée par des Français. Cette idée pût-elle se réaliser, l'étendue incommensurable de l'œuvre ne présenterait point l'utilité pratique que dans son plan aussi simple l'*Encyclopédie du bibliothécaire et de l'amateur de livres français* offre aux hommes d'études de notre pays. Laissons faire à chaque nation un travail semblable à ce dernier, et l'on atteindra, plus sûrement, le même but.

---

(1) La *France littéraire* ne contient pas moins de 70,000 notices bibliographiques.

L'*Encyclopédie du bibliothécaire et de l'amateur de livres français*, formera, au moins, 15 vol. gr. in-8, compactes, à deux colonnes, ornés de 3 à 4,000 portraits sur bois, gravés avec soin, et intercalés dans le texte, la plupart inédits ou peu connus (d'écrivains français à l'Étranger), et de quinze grands portraits sur acier des Mécènes de l'œuvre ; de cartes et des armes de toutes les villes de France. Elle paraîtra par livraison de deux ou trois feuilles d'impression. — Quelques exemplaires seront tirés sur papier de Hollande, imprimés en rouge et en noir, avec les épreuves des grands portraits sur papier de Chine, mais ces exemplaires ne seront pas mis dans le commerce : ils sont destinés aux honorables bibliophiles protecteurs de cette nouvelle Encyclopédie.

Le *prospectus-specimen* en sera imprimé et distribué dans le courant de février 1850, et l'impression du livre commencée sitôt que la publication des « Supercheries littéraires dévoilées » sera terminée, c'est-à-dire fin de 1850.

Mais l'exécution d'un ouvrage de l'étendue de celui-ci est très dispendieuse. Aussi l'éditeur désire-t-il avoir un certain nombre de souscripteurs, avant d'en commencer l'impression. Les personnes qui connaissent la conscience et l'exactitude qu'apporte dans ses travaux M. Quérard, (aujourd'hui secondé par le concours de bibliophiles spéciaux), n'hésiteront pas à assurer le succès de cette importante publication , en envoyant dès à présent leurs souscriptions. On trouve toujours appui et sympathie en France, même par des temps calamiteux, pour toutes les entreprises utiles ou glorieuses pour le pays. Quand les encouragements du gouvernement manqueraient à celle-ci, il existe encore un assez bon nombre d'héritiers de ces généreux bibliophiles, aux largesses desquelles on doit la publication de la seconde édition de la « Bibliothèque historique de la France », le plus beau monument littéraire du XVIII° siècle, et ceux-ci n'y failliraient pas. Nos bibliothèques publiques souscriront sur la simple annonce de cet ouvrage , parce qu'il doit être la première et véritable bibliographie ethnographique de la nation littéraire par excellence : sa non existence fait défaut à toutes. De son côté, le commerce de la librairie devra lui prêter son concours, parce qu'il offrira de grands avantages pour la parfaite connaissance de ses productions anciennes et modernes. Que le mode de publication et le prix soient ou non déjà fixés, là n'est pas l'important. Ce qu'il importe, c'est que la publication soit assurée et en même temps que son achèvement soit certain. Bibliophiles, établissements littéraires et libraires souscriront donc immédiatement, nous en concevons l'espoir. Leur nom sera imprimé dans la « Bibliographie de la France ».

On s'inscrit chez l'éditeur , rue de Seine, n° 62, sans rien payer à l'avance.

 Imp. Maulde et Renou, r. Bailleul, 9.